あの人の
おうち餃子

おいしいが得意なあの人たちも
餃子が大好きです。
ゆでたり、焼いたり、揚げたり。
ニラやニンニクたっぷりの餃子もあれば、
乾物や漬物、きんぴらを使った餃子も。
時には、極上のフランス料理になることも。
包み方もつけるたれも、お気に召すまま。
どんな食材も受け止めて、
どうしたっておいしくなる餃子。
7人の餃子愛をご堪能ください。

もくじ

006 吉田勝彦 「ジーテン」店主
基本の焼き餃子と水餃子
◎基本の焼き餃子　◎基本の水餃子
◎えびとセロリの蒸し餃子　◎ひと口蒸し餃子
アレンジ 餃子鍋

022 笠原将弘 「賛否両論」店主
子どもと食べたい餃子
◎きんぴら餃子　◎カレーあんかけ餃子　◎えびコーン餃子

030 按田優子 料理家／「按田餃子」店主
旅する餃子
◎ペルーのパチャマンカ風水餃子　◎ブータンのモモ
◎セロリの水餃子フレンチ風　◎マンゴー餃子
◎乾物の水餃子　◎どの国でも喜ばれそうな定番焼き餃子
◎塩豚とさつまいもの棒餃子　◎きゅうりとえびの焼き餃子
アレンジ 余った餃子の皮の使い方──和え麺／ごった煮

054 岩倉久恵 ソムリエ／「カフェ ブリュ」女将
日本ワインに合う餃子
◎れんこんとたけのこの蒸し餃子　◎大根と梅干しの焼き餃子
◎いわしとおかかの揚げ餃子　◎ラム肉となすの焼き餃子

064 冷水希三子 料理家
ハーブとスパイスが効いた餃子
◎ペリメニ　◎マントゥ　◎ヒンカリ　◎雲南風餃子

080 **福田里香** お菓子研究家
「餃子もラップフードです」
いろいろな餃子の包み方
◎ファスナー包み ◎キャンディ包み ◎お花包み
◎おくすり包み ◎ギャザー包み ◎帽子包み
◎三角包み ◎ひと口餃子包み

092 **谷 昇** 「ル・マンジュ・トゥー」オーナーシェフ
レストランで出したいネオ餃子
◎4種の野菜のラヴィオリ
◎羊のムサカ、餃子の皮のミルフイユ
◎エビのルーロー

102 ## 餃子のたれ
焼き餃子のたれ／水餃子のたれ／XO醤のたれ
粒マスタードのたれ／トマトソース／チリバターソース
香味油／マスタードレモンソース／コリアンダーソース
ピンクのサルサ／オーロラソース

108 ## 餃子といっしょに
蒸しきゅうり／キャベツのラーパーツァイ／豆もやしとささ身の和えもの
山芋炒め煮／パセリサラダ／なすの冷製／マグロのモロヘイヤ山かけ
いんげん炒め／大根の醤油漬け／きゅうりの塩味和え
ゴーヤのスパイシー揚げ／トマトと卵の炒め

作り始める前に

◎ 1カップ＝200cc、大さじ1＝15cc、小さじ1＝5ccです。
◎ とくに指定がない場合、野菜は中サイズのものを使います。
◎ とくに指定がない場合、打ち粉は強力粉を使います。
◎ コリアンダー、香菜の葉は「パクチー」と表記しています。
◎ 調味料やスパイスの量、火加減、加熱時間などはあくまでも目安です。
　味をみて、好みに合わせて加減してください。

吉田勝彦 「ジーテン」店主

基本の焼き餃子と水餃子

中国で餃子＝水餃子なのに対し、日本では焼き餃子が一般的。若い頃に勤めていた店では、焼き餃子もよく作ったものです。「基本の餃子」として、焼き餃子は市販の皮を使って、水餃子は皮から作る方法を紹介します。市販の皮は食べたい時にすぐに作れて便利。最近はさまざまな大きさや形があるので、好みのものを使ってください。一方、水餃子は中国では主食。ネギとショウガと豚肉だけなど中身もシンプルな場合が多く、ある意味、皮を食べる料理とも言えます。皮は薄力粉と強力粉で作るのが一般的ですが、僕は薄力粉を少なめにして白玉粉をプラス。こうするとつるりとなめらかな食感に仕上がります。手作りなので、厚いところがあったり多少不揃いでもOK。そのおおらかさも水餃子の魅力です。また、野菜がたくさん摂れるのも餃子のよいところ。どの野菜を使うかは好みですが、僕はニラとタマネギは共通で、かりっと香ばしい焼き餃子にはキャベツを、そのやわらかさが豚肉となじみやすく、あんがふんわりするので水餃子や蒸し餃子には白菜を使います。個人的には、あまり細かくきざまずに野菜の味やシャキシャキ感を残すのが好き。きざんだ野菜を塩もみして水分を出すと、野菜の味が引き立ちます。なお、店で作る場合は、その塩もみした野菜をさらにフライパンでから煎りし、水分をとばしてからあんに加えます。ひと手間ですが、ぐっと野菜の甘みが増すので一度おすすめしたい方法です。

よしだ・かつひこ／1964年岩手県生まれ。「四川飯店」や代官山にあった「Linka」などを経て、99年に代々木上原に「ジーテン」をオープン。中国家庭料理を掲げ、素材の味をシンプルに引き出した体に優しい料理を提供している。店では蒸し餃子が食べられる。
ジーテン ▶ 東京都渋谷区西原3-2-3 ☎03-3469-9333
www.ueharaekimae.com/shop/jeeten

基本の焼き餃子

焼く

焼き餃子の魅力はジューシーな肉のあんとカリカリの皮。
粘りが出るまでしっかり練ったあんにチキンスープのゼリーを加え、
肉汁がほとばしる餃子に仕立てました。

▼ 材料（20個分）

あんの材料
豚挽き肉 *1 ── 200g
キャベツ ── 1/6個（100g）
タマネギ ── 1/4個（50g）
ニラ ── 2本（25g）
塩 ── 小さじ1
A 酒 ── 小さじ1
　砂糖 ── 小さじ1
　醤油 ── 小さじ2
　ゴマ油 ── 小さじ1
　オイスターソース ── 小さじ1/2
ラード ── 小さじ1/2
長ネギ（みじん切り）── 小さじ1
ショウガ（すりおろす）── 小さじ1
チキンスープ *2 ── 50cc
粉ゼラチン ── 小さじ1/4

餃子の皮（市販）── 20枚
サラダ油 ── 大さじ1
水 ── 150cc
パクチー ── 適量
焼き餃子のたれ（P102）── 適量

*1 豚挽き肉は冷蔵庫から出したばかりのよく冷えたものを使う。
*2 チキンスープは鶏ガラ、鶏挽き肉、長ネギ、タマネギ、ニンジン、セロリ、ショウガ、あれば余り野菜（大根の皮やパクチーの茎など）を水から火にかけ、弱火で2時間ほど煮出したもの。市販の鶏ガラスープで代用可。

▼ 作り方

1 ボウルにチキンスープと粉ゼラチンを入れ、湯煎で温めてゼラチンを溶かす。氷水にあてて混ぜながら冷ましてから、冷蔵庫で冷やし固める。

2 キャベツとタマネギ、ニラをみじん切りにする。＊野菜はあまり細かくせず、味と食感を残す。

吉田勝彦 ▶ 基本の焼き餃子

3　ボウルにキャベツとタマネギを入れ、塩小さじ1/2を加えて手で混ぜ合わせる。しばらく置いて、野菜から水気を出す。

4　豚挽き肉に塩小さじ1/2を加え、ぎゅっと握ったり叩きつけてよく練る。＊調味料を入れると粘りが出づらくなるので、先にしっかり練っておく。

5　粘りが出たらAを加え、よく混ぜる。ラードを加えてさらに混ぜる。

6　3の野菜をしっかり絞り、5に加える。ニラ、長ネギ、ショウガを加えてしっかり混ぜる。＊挽き肉の温度が上がらないよう、手早く混ぜる。

7　1のゼリーを手でほぐしながら加え、ざっと混ぜる。

8　でき上がったあん。いったん冷蔵庫で冷やす。＊冷やすことでゼリーが固まり、包みやすくなる。

9 餃子の皮にあん（1個約20g）をのせ、皮の手前半分のふちに水をつける。

10 向こう半分の皮を手前に寄せ、端からひだを作ってとじていく。
＊あんを入れすぎないよう注意し、皮をしっかりとじること。

11 フライパンにサラダ油大さじ1/2を引いて中火にかけ、餃子を丸く並べる。

12 底が焼き固まってきたら水を加え、ふたをして4分ほど蒸し焼きにする。

13 火を止め、余分な水を拭き取る。サラダ油大さじ1/2を回しかけ、弱火でこんがり焼き色をつける。皿に盛り、パクチーとたれを添える。

＊ 包んですぐに焼かない場合は、くっつかないように片栗粉をふってバットなどに並べ、冷蔵庫で保存する。

吉田勝彦 ▶ 基本の焼き餃子

基本の水餃子

中国では自家製の皮で作る水餃子を主食として食べます。
厚みや大きさが不揃いなところも手作りの皮の魅力。
白菜を使い、ふわっと食べやすいあんにしました。

▼ 材料（25個分）

皮の材料
- 白玉粉 —— 50g
- 水 —— 135g
- 強力粉 —— 100g
- 薄力粉 —— 50g
- ラード —— 3g

あんの材料
- 豚挽き肉 —— 200g
- 白菜 —— 100g
- タマネギ —— 50g
- ニラ —— 25g
- 塩 —— 小さじ1
- A 酒 —— 小さじ1
  - 砂糖 —— 小さじ1
  - 醬油 —— 小さじ2
  - ゴマ油 —— 小さじ1
  - オイスターソース —— 小さじ1
  - 白コショウ —— 少量
  - 粗挽き黒コショウ —— 少量
- 長ネギ —— 小さじ1（みじん切り）
- ショウガ —— 小さじ1（すりおろす）
- ラード —— 小さじ1/2
- 水餃子のたれ（P102） —— 適量

▼ 作り方

1　皮（生地）を作る。ボウルに白玉粉を入れ、水50ccを少しずつ加えて手で混ぜる。取り出して室温でしばらく休ませる。＊休ませると生地がまとまりやすくなる。

2　1のボウルに強力粉と薄力粉をふるい入れる。

3 水85ccを2に少しずつ加え、指先で混ぜて粉全体に行き渡らせる。＊生地がやわらかくなりすぎないよう、水の量を調整する。

4 ひとつにまとまったら、手のひらの付け根でぐっぐっと向こうに押し出すようにしてこねる。

5 生地に弾力が出てきたら、1で取り出した白玉粉の生地を加え、混ぜ合わせる。

6 台に打ち粉（分量外）をし、生地をのせる。向こうにぐっぐっと押し出しては手前にたたむようにして生地をこねる。

7 ラードを加えて同様にこねる。＊ラードを加えることで生地につやが出る。

8 生地を丸くまとめ、固く絞ったぬれふきんをかぶせてラップをかけ、30分ほど休ませる。＊長時間休ませる時は冷蔵庫に入れ、手でこね直してから用いる。

9 あんを作る。白菜とタマネギをみじん切りにし、塩小さじ1/2を加えてもみ、しばらく置く。ニラはみじん切りにする。

10 冷蔵庫から出してすぐの豚挽き肉に塩小さじ1/2を加え、ぎゅっと握ったり叩きつけてよく練る。

11 粘りが出たらAを加え、よく練る。＊水餃子は少し濃いめに味をつける。

12 9の白菜とタマネギの水気をしっかり絞って加える。

13 ニラ、長ネギ、ショウガ、ラードを加えて混ぜる。ぬれふきんをかぶせ、ラップをして冷蔵庫で冷やす。

14 台に打ち粉（分量外）をたっぷりし、8の生地をこね直す。4等分にし、手で直径2cm程度のひも状にのばす。3cm幅に切り、切り口にも打ち粉をする。

吉田勝彦　▶　基本の水餃子

15 生地を手のひらでつぶし、片方の手で生地を少しずつ回しながら麺棒で手前に薄くのばす。直径9cmほどの円にする。

16 生地の中央に**13**のあん（1個約15g）をのせ、半分に折る。ぴったりくっつける。

17 両端を真ん中にぎゅっと寄せる。
＊手作りの皮は、水をつけなくてもくっつく。

18 湯を沸かし、餃子を入れる。鍋底につかないように時々混ぜながら5分ほどゆでる。皿に盛り、たれを添える。

アレンジレシピ

餃子鍋

水餃子を鍋仕立てに。薄味のスープに
ざく切りのキャベツとニラを入れ、シンプルに。
ポン酢につけて食べるのがおすすめ。

▼ 材料（2人分）
基本の水餃子 —— 12個
チキンスープ* —— 1ℓ
キャベツ —— 100g
ニラ —— 2本

* チキンスープがなければ、市販の鶏ガラスープの素を湯に
溶かして薄めのスープにする。

▼ 作り方
鍋にチキンスープを入れて沸かし、餃子を入れ
て2分ほど煮る。ざく切りにしたキャベツとニラ
を加え、さらに3分ほど煮る。スープには味をつ
けず、ポン酢と一緒に食べる。

えびとセロリの蒸し餃子

蒸す

シュウマイの皮で作るおつまみ蒸し餃子は、
中国セロリの香りとコーンの甘みがアクセント。
エビのあんとたれのXO醬がよく合います。

▼ 材料（15個分）

あんの材料
　　むきエビ —— 100g
　A　ラード —— 小さじ1/4
　　砂糖 —— 小さじ1/2
　　塩 —— ひとつまみ
　　白コショウ —— 少量
　　卵白 —— 5g
　　トウモロコシ(粒) —— 25g
　　中国セロリ(ホワイトセロリ) —— 15g
　　片栗粉 —— 小さじ1
シュウマイの皮 —— 15枚
ニンジン —— 少量
パクチー —— 適量
XO醬のたれ(P103) —— 適量

▼ 作り方

1　あんを作る。むきエビを、食感が残る程度に細かくきざむ。Aを加え、粘りが出るまでよく練る。
2　トウモロコシをレンジで加熱して粒をばらす。中国セロリはみじん切りにする。1に加え、片栗粉も加えてよく練り合わせる。
3　シュウマイの皮に2を約10gずつのせて三角形になるように半分に折る。底辺の2つの角を手前で重ねる。
4　ニンジンを薄い輪切りにし、皿に並べる。ニンジン1枚に餃子1個をのせ、皿ごと蒸し器で5〜6分蒸す。パクチーをちらし、たれを添える。

POINT
・中国セロリがなければ普通のセロリを使います。
・生のトウモロコシがなければ缶詰のスイートコーンを使います。

吉田勝彦　▶　えびとセロリの蒸し餃子

ひと口蒸し餃子

蒸す

ひと口餃子には、シュウマイの皮が便利です。
あんには、から煎りして甘みを引き出した野菜を使ってさっぱりと。

▼ 材料（20個分）

あんの材料
タマネギ —— 30g
キャベツ —— 30g
赤パプリカ —— 20g
ニラ —— 18g
豚挽き肉 —— 100g
砂糖 —— 小さじ1/2
白コショウ —— 少量
塩 —— 小さじ1/4
ラード —— 小さじ1/4

シュウマイの皮(市販) —— 20枚
白菜 —— 適量
クレソン —— 適量
粒マスタードのたれ(P103) —— 適量

▼ 作り方

1 あんを作る。タマネギとキャベツ、赤パプリカをみじん切りにする。フライパンに油を引かずに入れ、弱火で甘みを引き出すようにから煎りし、野菜の水分をとばす。
2 野菜の甘い香りが出てきたら火を止め、ザルにあけてよく冷ます。
3 冷蔵庫から出してすぐの豚挽き肉を粘りを出すように練る。砂糖、白コショウ、塩を加えてさらに練る。
4 2の野菜とみじん切りにしたニラを加え、よく練る。ラードを加えてさらに混ぜる。
5 シュウマイの皮にあんを約10gずつのせ、長方形になるよう半分に折る。折り重ねた両端を頂点で重ねてくっつける。
6 白菜をそぎ切りにして皿にのせ、白菜1枚に餃子を1個のせる。皿ごと蒸し器で6分ほど蒸す。クレソンをのせ、たれを添える。

POINT

・野菜をから煎りする時には焼き色がつかないようにし、野菜から甘い香りが出てくるまで煎ります。温かいとあんに粘りが出ないので、よく冷ましてから使います。

吉田勝彦 ▶ ひと口蒸し餃子

笠原将弘

「賛否両論」店主

子どもと食べたい餃子

餃子、好きです。3人の子どももみんな好き。仕事で学校給食にたずさわっていますが、餃子が嫌いな子を見たことがありません。むしろ、嫌いな野菜も具に混ぜてしまえば食べられたり、大人にとっては冷蔵庫に会っている素材を使いきれたりと、餃子はとても優秀なおかず。「きんぴら餃子」は、その名の通り、きんぴらと鶏挽き肉であんを作ります。子どもたちに根菜を食べてほしいと考えましたが、シャキシャキした食感と醬油味は、大人のおつまみにもぴったり。また、「カレーあんかけ餃子」は子どもが好きなカレー味なら苦手な野菜も食べるかな、とピーマンやナスを細かくきざんで投入。カレー風味の餃子にだしが効いたあんを組み合わせたのは、そば屋のカレーのイメージです。最近は和食が苦手な子も多いと聞きますが、ちゃんと作ればだしも「おいしい」と食べてくれます。「えびコーン餃子」はコーンの甘みを生かすため、蒸し餃子に。マヨネーズとケチャップで作るオーロラソースはちびっこを意識したものですが、実は大人も好きな味。もの足りなければからしを加えます。なお、餃子の包み方と焼き方は中国料理店「スーツァンレストラン陳」の菰田欣也シェフに教わったもの。フライパンに油を引かずに餃子を並べたら、お湯を注いでふたをして蒸し焼きにし、水がなくなったらサラダ油を入れて焼き色をつけます。先に中まで火を通すので、生焼けの心配がなく、ふっくら仕上がるので気に入っています。

かさはら・まさひろ／1972年東京都生まれ。「正月屋吉兆」（東京・新宿）で修業後、実家の焼き鳥店「とり将」（武蔵小山）を継ぐ。2004年に「賛否両論」を開店、現在3店舗を構える。『笠原将弘の子ども定食』『味づくり虎の巻』（ともに柴田書店）など著書多数。

賛否両論 ▶ 東京都渋谷区恵比寿2-14-4 ☎03-3440-5572 www.sanpi-ryoron.com

きんぴら餃子

ゴボウやレンコンのきんぴらを、鶏挽き肉と混ぜてあんに。
たれなしで食べられるよう、きんぴらにはしっかり味をつけます。

焼く

▼ 材料（20個分）

あんの材料
- ゴボウ —— 50g
- ニンジン —— 50g
- レンコン —— 50g
- ゴマ油 —— 大さじ1
- A 酒 —— 大さじ2
  - 砂糖 —— 大さじ1/2
  - 醤油 —— 大さじ2
- 白ゴマ —— 小さじ2
- 鶏挽き肉 —— 250g
- B だし —— 大さじ2
  - 黒コショウ —— 少量

- 餃子の皮（市販） —— 20枚
- 湯 —— 100cc
- サラダ油 —— 大さじ1
- スダチ —— 1/2個

▼ 作り方

1 あんを作る。ゴボウ、ニンジン、レンコンは皮をむき、みじん切りにする。
2 フライパンにゴマ油を引き、1を強火で炒める。Aを加え、野菜のシャキシャキ感を残して引き上げる。白ゴマを混ぜ、冷ましておく。
3 ボウルに鶏挽き肉を入れ、粘りを出すように手で練る。2とBを加え、よく練り合わせる。
4 餃子の皮で3を包む。
5 フライパンに油を引かずに4を並べ、強火にかける。湯を注いでふたをし、弱火にして5分ほど蒸し焼きにする。
6 水分がなくなったらサラダ油を回しかけ、中火にしてかりっと焼き目をつける。皿に盛り、スダチを添える。

POINT
- 鶏挽き肉と練った時に一体感が出るよう、野菜は細かくきざみ、強火で短時間炒めて、きんぴららしい食感を残します。
- 大根おろしと一緒に食べるのもおすすめ。

笠原将弘 ▶ きんぴら餃子

カレーあんかけ餃子

カレー味の餃子とだしの効いたあんかけの組み合わせは、
そば屋のカレーのイメージ。ごはんのおかずにもおつまみにも。

▼ 材料（20個分）

あんの材料
　豚挽き肉 —— 250g
　ナス —— 1本
　タマネギ —— 1/4個
　ピーマン —— 1個
　A 砂糖 —— 小さじ1
　　醬油 —— 小さじ1
　　カレー粉 —— 小さじ1/2
　　だし —— 大さじ2

餃子の皮（市販） —— 20枚
湯 —— 100cc
サラダ油 —— 大さじ1
B だし —— 300cc
　うすくち醬油 —— 大さじ1と1/2
　みりん —— 大さじ1と1/2
水溶き片栗粉 —— 大さじ2

▼ 作り方

1　あんを作る。ナスとタマネギは皮をむいてみじん切りに、ピーマンはへたと種を取ってみじん切りにする。
2　ボウルに豚挽き肉を入れ、粘りを出すように練る。1とAを加え、よく練り合わせる。
3　餃子の皮で2を包む。
4　フライパンに油を引かずに餃子を並べ、強火にかける。湯を注いでふたをし、弱火にして5分ほど蒸し焼きにする。
5　水分がなくなったらサラダ油を回しかけ、中火にしてかりっと焼き目をつける。皿に盛る。
6　鍋にBを入れて火にかけ、ひと煮立ちさせる。水溶き片栗粉でとろみをつけ、5にかける。

POINT
・子どもはカレー味が大好き。ナスやピーマンは「夏野菜のカレー」のイメージで入れて餃子にすると、苦手な野菜もぐっと食べやすくなります。
・あんかけのとろみを薄めにして、スープ仕立てにしてもおいしいです。

えびコーン餃子

コーンの自然な甘みを生かすため、焼かずに蒸して仕上げます。
レタスで包んで食べるのもおすすめ。

▼ 材料（20個分）

あんの材料
エビ —— 150g
コーン（水煮缶）—— 80g
鶏挽き肉 —— 100g
A 醤油 —— 小さじ1
　砂糖 —— 小さじ1
　だし —— 大さじ2
　コショウ —— 少量
餃子の皮（市販）—— 20枚
カイワレ大根 —— 適量
オーロラソース（P107）—— 適量

▼ 作り方

1 エビの殻をむいて背ワタを取り、包丁の腹で叩いてミンチ状にする。
2 コーンはザルにあけて水気をきり、粗くきざむ。
3 ボウルに鶏挽き肉を入れ、粘りを出すように手で練る。1と2、Aを加えてよく練り合わせる。
4 餃子の皮で3を包む。
5 バットにキッチンペーパーを敷き、餃子を重ならないように並べる。強火の蒸し器で8分ほど蒸す。
6 皿に盛り、カイワレ大根とオーロラソースを添える。

POINT
・エビ、コーン、鶏挽き肉をよく練るのがポイント。コーンは多少つぶつぶ感があったほうが子どもは喜ぶので、粗めのみじん切りにしています。

笠原将弘 ▶ えびコーン餃子

按田優子

料理家／「按田餃子」店主

旅する餃子

「うちの国にも似たような料理があるよ」「ロシアのペリメニに似ているね」。「按田餃子」の水餃子を食べにきてくださった海外の方、世界を旅した方々から、時々、そう言われます。水餃子のような食べ物は世界各地にたくさんあります。イタリアのラヴィオリもそうですし、餃子以外にも、南米のエンパナーダ、日本のおまんじゅうなど、皮で具を包んで食べる料理は世界共通。だから、どの国の人にもなつかしく、おいしく感じるのかもしれません。私が「按田餃子」を水餃子の店にしたのは、私自身が好きな料理だったから。餃子をゆでている鍋でついでに野菜もゆでたりと、他の料理と合わせて調理しやすい点も気に入っています。お店の餃子は、ニンニクを使っていません。宗教にかかわらず食べてもらえそうな鶏肉の餃子を考えたり、「アメリカのチャイナタウンに店を出すなら」という妄想でレシピを考えたり。時々、海外でも餃子を作ります。パリで行なわれたフードマガジン『saji』のイベントでは、「セロリの水餃子」（P38）などを作りました。南米のジャングルで食品の加工法を教える時は、現地の子どもたちと餃子を作って食べることも。どの国でも餃子はおいしく食べてもらえます。私にとって餃子は、言葉の通じない国での共通言語のようなもの。日本に帰ると、海外で出合った思い出の味を餃子に"翻訳"して、友人にふるまいます。何でも餃子になる。餃子ほど懐の広い料理はない気がします。

あんだ・ゆうこ / 1976年東京都生まれ。菓子製造業などを経て料理家に。2012年に「按田餃子」を共同経営でオープン。乾物などを使った保存食も得意。南米で食品の加工法を教える活動もしている。著書に『冷蔵庫いらずのレシピ』（ワニブックス）など。
按田餃子 ▶ 東京都渋谷区西原3-21-2 ☎03-6407-8813 andagyoza.tumblr.com

ペルーのパチャマンカ風水餃子

ゆでる

食材を土に埋めて蒸し焼きにするペルー料理の味を水餃子に。
あんに使った「チンチョ」は南米のハーブ。香りづけに用います。
何もつけず、そのままいただきます。

▼ 材料（20個分）

皮の材料
　強力粉（または中力粉）—— 150g
　水 —— 70cc

あんの材料
　A　豚肩ロース肉 —— 200g
　　　赤ピーマン —— 3個
　　　ニンニク —— 2g
　　　チンチョ（南米のハーブ。またはスペアミント）—— 5g
　アチョーテパウダー —— 小さじ1/2（あれば）
　ターメリックパウダー —— 小さじ1/4
　塩 —— 小さじ1

▼ 作り方

1　皮（生地）を作る。材料をボウルに入れ、箸で混ぜ合わせる。粉っぽさがなくなり、生地がまとまってきたら5分ほどねかせて練り、またねかせて…を3回ほど繰り返す（こうすると生地につやが出てのびやすくなる）。生地の表面がつるつるになったら、ラップをしてしばらく置く。
2　あんを作る。Aを細かくきざみ、すべての材料をよく混ぜ合わせる。
3　1を20等分する（1個約10g）。生地やまな板に打ち粉（分量外）をし、手で直径7cm程度に広げる。2をのせ、両端をつまんでとじる。
4　鍋にたっぷりの湯を沸かし、沸騰したら3を入れる。餃子が浮いてきたら、さらに1分ほど（合計5分程度）ゆでる。湯をきって皿に盛る。

POINT
・輸入食材店で買えるアチョーテ（ベニノキ）を使うと、より風味豊かに。
・餃子をゆでる時は10個ずつくらいにすると湯の温度が下がりません。

【包み方】①生地を手で直径7cm、厚さ3mm程度にのばし、あんをのせる。②あんをはさむように皮の端を合わせる。③皮の合わせ目をぎゅっと押さえる。④完成。

按田優子　▶　ペルーのパチャマンカ風水餃子

ブータンのモモ

蒸す

ブータンを旅した時の思い出の蒸し餃子。
もちもちした皮をねずみみたいな形に包んで、
シナモンの効いたピリ辛ソースをかけていただきます。

▼ 材料（20個分）

皮の材料
　薄力粉 ─── 120g
　水 ─── 50cc

あんの材料
　キャベツの塩もみ(P37) ─── 100g
　タマネギ ─── 30g（みじん切り）
　カッテージチーズ ─── 70g
　塩 ─── 小さじ1/4
　粉山椒 ─── 少量
　香味油(P105) ─── 適量

▼ 作り方

1　皮（生地）を作る。材料をボウルに入れ、箸で混ぜ合わせる。粉っぽさがなくなり、生地がまとまってきたら5分ほどねかせて練り、またねかせて…を3回ほど繰り返す（こうすると生地につやが出てのびやすくなる）。生地の表面がつるつるになったら、ラップをしてしばらく置く。
2　あんを作る。すべての材料をボウルでよく混ぜ合わせる。
3　1を20等分する（1個約8g）。生地やまな板に打ち粉（分量外）をし、手で直径7cm程度に広げる。2をのせ、両端をつまみながらとじる。
4　蒸し器を中火にかけ、10分ほど蒸す。皿に盛り、香味油を添える。

【包み方】①生地を一度手で丸め直し、打ち粉をする。1つ分の生地は8g程度。②打ち粉をしたまな板の上に置き、手で押さえて平らにする。③皮を手で直径7cm、厚さ3mm程度に広げる。④あんをのせる。⑤〜⑦皮の端をつまみ、中に折り込むようにしてとじる。これを皮の左右交互に繰り返す。⑧完成。

キャベツの塩もみ

餃子のあんに、付け合わせにと、あると便利な一品。
冷蔵庫で1ヵ月ほど日持ちします。

▼ **材料**（作りやすい分量）
キャベツ —— 好きなだけ
塩 —— キャベツの重さの2％

▼ **作り方**
キャベツをざく切りにする。塩を加えてよくもみ、ジッパー付きの袋に入れて密閉保存する。すぐ使っても、常温で3日ほど発酵させてもおいしい（夏は冷蔵保存）。

按田優子 ▶ ブータンのモモ

セロリの水餃子フレンチ風

ゆでる

パリで行なった餃子のイベントで作った餃子。
トマトジュースで練った皮で包んだ餃子を、野菜のピュレに
うやうやしくのせて、フレンチ風に。海苔のソースはパンにも合います。

▼ 材料（20個分）

皮の材料
　強力粉（または中力粉）
　　　—— 150g
　トマトジュース —— 70cc

あんの材料
　鶏挽き肉 —— 120g
　セロリ（葉を多めに）—— 120g
　塩 —— 小さじ1

白いピュレの材料（作りやすい分量）
　カブ —— 100g
　ネギ（白い部分）—— 50g
　水 —— 30cc
　白味噌 —— 大さじ1
　塩 —— 小さじ1/2

海苔ソースの材料（作りやすい分量）
　焼き海苔 —— 1枚
　水 —— 大さじ2
　塩 —— 小さじ1/2
　オリーブオイル —— 大さじ2

▼ 作り方

1　皮（生地）を作る。材料をボウルに入れ、箸で混ぜ合わせる。粉っぽさがなくなり、生地がまとまってきたら5分ほどねかせて練り、またねかせて…を3回ほど繰り返す（こうすると生地につやが出てのびやすくなる）。生地の表面がつるつるになったら、ラップをしてしばらく置く。
2　あんを作る。セロリの葉を細かくきざみ、すべての材料をボウルに入れ、よく混ぜ合わせる。
3　1を20等分する（1個約10g）。生地やまな板に打ち粉（分量外）をし、手で直径7cm程度に広げる。
4　3に2をのせ、あんをはさむように生地を折ってとじ、両端を合わせる。
5　鍋にたっぷりの湯を沸かし、沸騰したら4を入れる。餃子が浮いてきたら、さらに1分ほど（合計5分程度）ゆでる。
6　白いピュレを作る。カブ、ネギを適当な大きさに切る。水とともに鍋に入れてふたをして、弱火で20分ほど煮たら、ミキサーにかけてなめらかなピュレ状にする。白味噌と塩を加えて混ぜ、味をととのえる。
7　海苔ソースを作る。海苔は細かくちぎり、他の材料とともにボウルに入れ、スプーンでよく混ぜ合わせる。
8　皿に6を注ぎ、5の餃子をのせ、7をたらす。

【包み方】①皮にあんをのせる。②あんをはさむように皮をゆっくり折って包む。包みにくい時は、スプーンなどであんをぎゅっと押し込む。③④皮をとじ、合わせ目5mmくらいのところをぎゅっと押さえる。とじ方が弱いと、ゆでている時に開いてあんが出てしまうのでしっかりとめる。⑤⑥餃子の片方の端に水をつけ、指であんの部分を押さえながらゆっくりと丸め、餃子の両端を重ねてしっかりとめる。⑦完成。

按田優子 ▶ セロリの水餃子フレンチ風

マンゴー餃子

あんに入れたマンゴーの味と食感が新鮮。
皮はふかしたかぼちゃで練りました。
フランス人にも好評！冷やして、前菜風にいただきます。

▼ 材料（20個分）

皮の材料
　　強力粉 —— 120g
　　カボチャ —— 70g（蒸して皮をむく）

あんの材料
　　鶏挽き肉 —— 100g
　　マンゴー（なるべく熟していないもの）—— 100g
　　ショウガ —— 小さじ1
　　塩 —— 小さじ1/2
ピンクのサルサ（P106）—— 適量
ミントの葉 —— 好みで

▼ 作り方

1　皮（生地）を作る。材料をボウルに入れ、よくこねる。カボチャの水分が多い場合は強力粉（分量外）を足し、耳たぶくらいの固さにする。
2　あんを作る。マンゴーは7mm角に切り、ショウガはみじん切りにする。材料すべてをボウルに入れ、よく混ぜ合わせる。
3　1を20等分する（1個約10g）。生地やまな板に打ち粉（分量外）をして、手で直径7cm程度に広げる。
4　3に2をのせ、あんをはさむように生地を折ってとじ、両端を合わせる（P41参照）。
5　鍋にたっぷりの湯を沸かし、沸騰したら4を入れる。餃子が浮いてきたら、さらに1分ほど（合計5分程度）ゆで、冷水にとって冷やす。器にピンクのサルサ、餃子をのせ、好みでミントの葉を飾る。

POINT
・市販の餃子の皮で包み、焼き餃子にしてもおいしいです。

按田優子　▶　マンゴー餃子

乾物の水餃子

ゆでる

「按田餃子」の餃子を家庭で作りやすくしたレシピ。
乾物や漬物など、あるものをなんでも混ぜて"おやき風"に。
ちょっとぶかっこうなくらいが、よりおいしそうです。

▼ 材料（20個分）

皮の材料
　強力粉（または中力粉）——— 120g
　マカパウダー（または好みの雑穀の粉）——— 大さじ1
　水 ——— 60cc

あんの材料
　合い挽き肉（または豚挽き肉）——— 80g
　A 切り干し大根 ——— 20g
　｜ 干しエビ ——— 5g
　｜ 干しシイタケ ——— 5g
　└ 水 ——— 100cc
　ザーサイ ——— 10g
　醤油 ——— 大さじ1

▼ 作り方

1　皮（生地）を作る。材料をボウルに入れ、箸で混ぜ合わせる。粉っぽさがなくなり、生地がまとまってきたら5分ほどねかせて練り、またねかせて…を3回ほど繰り返す（こうすると生地につやが出てのびやすくなる）。生地の表面がつるつるになったら、ラップをしてしばらく置く。
2　あんを作る。Aをボウルに入れ、30分くらい置いてもどしたら、水気をきって細かくきざむ。ザーサイもきざむ。すべての材料をボウルに入れ、よく混ぜ合わせる。
3　1を20等分する（1個約10g）。生地やまな板に打ち粉（分量外）をし、手で直径7cm程度に広げる。
4　3に2をのせ、皮の両端から一気に折りたたんで、密着させる（P33参照）。
5　鍋にたっぷりの湯を沸かし、沸騰したら4を入れる。餃子が浮いてきたら、さらに1分ほど（合計5分程度）ゆでる。湯をきって皿に盛る。

POINT
・切り干し大根の代わりに生の大根を使ってもおいしいです。その場合は、大根80gを細切りにし、水の量を大さじ2にして作ります。

按田優子 ▶ 乾物の水餃子

どの国でも喜ばれそうな
定番焼き餃子

焼く

アメリカのチャイナタウンで出すイメージで作った餃子。
その国のキャベツみたいな野菜と鶏肉で作った餃子は、
どの国でもおいしいと思ってもらえそうな気がします。

▼ 材料(20個分)

あんの材料
　　鶏モモ肉 —— 100g
　　キャベツの塩もみ(P37) —— 90g
　　シソ科のハーブ(バジルやミントなど) —— 5g
　　万能ネギ —— 15g
　　ショウガ —— 10g
　　パプリカパウダー —— 小さじ1/2
　　魚醬 —— 小さじ2
餃子の皮(市販) —— 20枚
サラダ油 —— 適量
水 —— 適量
餃子のたれ、パクチー —— 好みで

▼ 作り方

1　あんを作る。鶏モモ肉は包丁で叩いて細かくする。キャベツの塩もみ、ハーブ、ネギ、ショウガはみじん切りにする。材料すべてをボウルに入れ、よく混ぜ合わせる。
2　餃子の皮に **1** をのせ、端からひだを作りながら包む。
3　フライパンにサラダ油を引いて中火で熱し、餃子を並べる。水を7mm程度の深さになるまで注ぎ入れ、ふたをして、中火でキツネ色に焼き目がつくまで焼く。皿に盛り、好みでたれとパクチーを添える。

【包み方】①皮にあんをのせる。②皮を折ってあんを包む。③皮のふちに水をつけ、片側の端でひだを作ったら、皮をぎゅっと合わせる。これを繰り返して皮をとじる。④完成。底を平らに整えると焼き色がきれいにつく。

按田優子 ▶ どの国でも喜ばれそうな定番焼き餃子

焼く

ペルーで食べたサンドイッチ「パン・コン・チチャロン」を棒餃子に。
しょっぱい塩豚と甘いサツマイモを春巻きっぽく包みます。
何もつけずにそのまま、スナック的に楽しめる味です。

▼ 材料（20個分）

塩豚の材料（作りやすい分量）
　　豚肩ロース肉 ── 400g
　　塩 ── 20g（豚肉の重さの5％）
サツマイモ（大きめ） ── 1本
餃子の皮（市販、大判のもの） ── 20枚
サラダ油 ── 適量
水 ── 適量

▼ 作り方

1　塩豚を作る。豚肉に塩をまんべんなくまぶし、ジッパー付きの袋に入れて密閉し、常温で2時間ほど置く。その後、冷蔵庫で保存する。肉から水分が出てきたら、そのつど捨てる。
2　サツマイモを焼き（またはふかし）、皮をむく。
3　1（約300g）と2を、餃子の皮の直径と同じくらいの長さの拍子木切りにする。
4　餃子の皮に3を1本ずつのせて巻き、端に水をつけてとめる。
5　フライパンにサラダ油を引いて中火で熱し、餃子を並べる。水を7mm程度の深さになるまで注ぎ入れ、ふたをして、中火でキツネ色に焼き目がつくまで焼く。

POINT
・塩豚は、常温で1週間、冷蔵庫で2〜3週間ほど日持ちします。
・サツマイモは、ねっとりとした甘めのものがおすすめです。
・サツマイモの代わりにパイナップルを使ってもおいしいです。

【包み方】①皮に塩豚とサツマイモを1本ずつのせる。②皮の合わせ目に水をつける。③皮の両端を折り、具を包む。④完成。

按田優子　▶　塩豚とさつまいもの棒餃子

塩豚とさつまいもの棒餃子

きゅうりとえびの焼き餃子

焼く

インドネシアのメノ島で食べたプリミティブなサラダのイメージで。
熟れすぎたくらいのきゅうりを使って、青くささたっぷりで作ると
おいしいです。マスタードレモンソースをつけていただきます。

▼ 材料（20個分）

あんの材料
　　キュウリ —— 1/2本
　　エビ —— 60g
　　鶏挽き肉 —— 60g
　　青ジソ —— 5枚
　　ニンニク —— 1/4片
　　ナンプラー —— 小さじ1
　　ココナッツファイン —— 小さじ2
　　塩 —— 小さじ1/4
餃子の皮（市販）—— 20枚
サラダ油 —— 適量
水 —— 適量
マスタードレモンソース（P105）—— 適量

▼ 作り方

1　あんを作る。キュウリは小さめのいちょう切りに、エビと青ジソは粗くきざむ。ニンニクはみじん切りにする。材料すべてをボウルに入れ、よく混ぜ合わせる。
2　餃子の皮に1をのせ、端からひだを作りながら包む（P47参照）。
3　フライパンにサラダ油を引いて中火で熱し、餃子を並べる。水を7mm程度の深さになるまで注ぎ入れ、ふたをして、中火でキツネ色に焼き目がつくまで焼く。マスタードレモンソースとともにいただく。

按田優子 ▶ きゅうりとえびの焼き餃子

余った餃子の皮の使い方

接田流

市販の皮が余ったら…
和え麺 を作る

数枚残ってしまった市販の皮を
細切りにして麺代わりに使った汁なし麺。
醤油や香味油、餃子のたれなどを
好き好きに和えて食べます。

▼ 材料（作りやすい分量）
余った餃子の皮（市販）、
ヒジキやワカメなどの海藻（乾物）、
キャベツなど冷蔵庫の残り野菜、
醤油、好みの香味油
　　—— 各適量

▼ 作り方
1 餃子の皮は5mm幅に切る。海藻は水
　 でもどす。野菜は食べやすい大きさに
　 切る。
2 1を湯で2分ほどゆでてザルにあけ、
　 水気をきって茶碗などに盛る。銘々で
　 醤油や香味油で和えながらいただく。

皮はあらかじめ切って、
乾燥させてから保存する
と使いやすいです。

手作りの皮と餃子のあんが余ったら…
ごった煮 を作る

余った手作りの皮とあんを漬物と一緒くたに
煮ると、郷土料理のような一品に。
昔なつかしい味にごはんがすすみます。
どの餃子の材料でも作れます。

▼ 材料（作りやすい分量）
余った餃子の皮とあん、高菜漬け
（またはザーサイや塩漬けケイパーなど）、
冷蔵庫の残り野菜（キノコがあるとおすすめ）、
水、ショウガの細切り
　　—— 各適量

▼ 作り方
1 餃子のあん、きざんだ高菜漬けを鍋
　 に入れて弱火にかけ、5分ほど炒める。
2 食べやすい大きさに切った野菜を加
　 え、水をひたひたになるまで加えたら
　 中火にし、ひと煮立ちさせる。
3 餃子の皮を手でちぎりながら加え、5
　 分ほど煮る。最後にショウガを加える。

岩倉久恵

ソムリエ／「カフェ ブリュ」女将

日本ワインに合う餃子

お店が終わったあとはスタッフと遅い夕食をとります。そこでの人気メニューが餃子。せっかくならと、皆で皮をのばし、あんを包んで、餃子を作るんです。……深夜から！ よく作るのが、「たれがなくてもおいしい餃子」。食材を醬油味で煮含めたりと、あんにしっかり下味をつけます。そうすると、片手にワイングラスを持ち、片手で餃子をつまんで、ぱくぱくと食べられますから。日本で育ったぶどうのみで、日本で造られる"日本ワイン"を初めておいしいと感じたのは、渋谷に立ち飲みバルを立ち上げた2005年頃のこと。その後、衝撃的なほどおいしい日本ワインとの出合いが続き、ワイナリーを回っては畑を見学させていただくようになりました。2軒目に開いたフレンチビストロでは、扱う日本ワインを増やしました。日本の食材で作るフランス料理に合わせて、日本のワインを置きたい、何より日本ワインのおいしさをもっと知ってもらいたいと、ワインリストの最初に日本ワインをのせて。よく、日本ワインは「だし感」があると言われます。品種に関係なく、優しくしみわたるおいしさがあり、料理と合わせることで、隠れている旨みやきれいな酸味、スパイシーさが出てきます。もちろん、「たれいらずの餃子」との相性もよし。これからも、深夜の日本ワイン＆餃子ごはんは続くことでしょう。それは、スタッフとの絆をつないでくれる大切な時間です。

いわくら・ひさえ／1971年東京都生まれ。JSA認定ソムリエ。東京・渋谷「カフェ ブリュ」女将。夫の東井隆さんとともに話題の店を多く手がける。早くから日本ワインを扱い、日本ワイン人気の立役者に。醸造家からの信頼も厚く、ワインに合うレシピ提案にも定評がある。
カフェ ブリュ ▶ 東京都渋谷区円山町23-9 1F ☎03-5428-3472 http://kettle.tokyo

れんこんとたけのこの蒸し餃子

蒸す

肉を使わない、ヘルシー系餃子。醬油味のタケノコ、
ブルーチーズと味噌の風味をつなぐのはおろしたレンコン。
白のスパークリングワインを合わせています。

▼ 材料（60個分）

皮の材料
- 強力粉 —— 300g
- 湯 —— 160cc
- 塩 —— ひとつまみ
- ゴマ油 —— 大さじ1

あんの材料
- レンコン —— 200g
- タケノコ（水煮） —— 50g
- だし —— 100cc
- うすくち醬油 —— 大さじ2
- 片栗粉 —— 大さじ1
- 麹味噌 —— 20g
- ブルーチーズ —— 大さじ1

▼ 作り方

1. 皮（生地）を作る。強力粉をボウルに入れ、中央にくぼみを作り、湯を入れる。箸で粉と湯を混ぜ合わせたら手でこね、生地をひとまとめにして10分ほど休ませる。
2. 塩とゴマ油を合わせ、1に加えてさらに練り、表面につやが出てきたら30分以上休ませる。
3. あんを作る。レンコンは皮をむいてすりおろし、軽く水気を絞る。
4. タケノコは5mm角に切る。鍋にだしとうすくち醬油を入れて中火にかけ、タケノコを入れて煮含める。味が入ったら火を止め、常温で冷ます。
5. ボウルに3と汁気をきった4、片栗粉を入れ、ダマにならないようによく混ぜ合わせる。麹味噌とブルーチーズを加え、さらに混ぜ合わせる。
6. 2を4等分する。生地やまな板に打ち粉（分量外）をしてのばし、それぞれ15等分し、直径8cm程度にのばす。5をのせ、包む。
7. 蒸し器で皮に透明感が出るまで10〜15分蒸す。

合わせるなら
タケダワイナリー［山形］
サン・スフル白（発泡）

自然栽培でぶどうを育て、ワインを造るタケダワイナリー。完熟デラウェアの辛口スパークリングは、やわらかな酸味とほのかな甘さで料理によく合います。無添加、無ろ過ならではのにごりや澱で風味も豊か。

岩倉久恵 ▶ れんこんとたけのこの蒸し餃子

焼く

角切りにした大根を醬油で煮て使うので、
たれなしでも充分おいしいです。だしの味と梅干しの風味が、
酸味と甘みのバランスのいいワインと相性よしです。

▼ 材料（25個分）

あんの材料
　　大根 —— 100g
　　青ジソ —— 6枚
　　梅干し —— 2～3個（約40g）
　　豚挽き肉 —— 200g
　　だし —— 150cc
　　うすくち醬油 —— 大さじ2
　　砂糖 —— 小さじ2
餃子の皮（市販）—— 25枚
サラダ油 —— 適量

▼ 作り方

1　あんを作る。大根は皮をむいて5㎜角に切る。鍋にだしとうすくち醬油を入れて中火にかけ、大根を加えて煮含める。味が入ったら火を止め、常温で冷ます。
2　青ジソはみじん切りにする。梅干しは種をとって包丁で叩く。
3　ボウルに豚挽き肉、1の汁気をきった大根と2、砂糖を入れ、粘りが出るまでよく混ぜ合わせたら、餃子の皮で包む。
4　フライパンにサラダ油を引いて中火にかけ、3を蒸し焼きにする。

合わせるなら
Kidoワイナリー[長野]
ピノ・グリ

醸造家自身が"飲みたいワイン"にこだわり、品格あるワインを造り続ける小さなワイナリーの人気ワイン。柑橘系の上品でさわやかな果実味、力強さがありながらほどよい酸味の白ワインは、和の味とよく合います。

岩倉久恵　▶　大根と梅干しの焼き餃子

大根と梅干しの焼き餃子

いわしとおかかの揚げ餃子

揚げる

イワシのすり身とおかか、長ネギを、しっとり和風味でまとめて、かりっと揚げます。醤油味や青魚とよく合う品種「マスカット・ベーリーA」のワインに合わせて。

▼ 材料（25個分）

あんの材料
　　イワシ —— 2尾
　　長ネギ —— 50g
　A　カツオ節 —— 4g
　　　醤油 —— 小さじ1
　　　ゴマ油 —— 小さじ2
　　卵白 —— 1個分
餃子の皮（市販）—— 25枚
揚げ油 —— 適量

▼ 作り方

1　あんを作る。イワシは3枚におろし、小骨をとって、包丁で細かく叩く。長ネギはみじん切りにする。
2　ボウルに1とAを入れ、粘りが出るまでよく混ぜ合わせる。
3　別のボウルに卵白を入れ、全体がもったりするまで泡立てる。2を加え、さっくりと混ぜ合わせたら、餃子の皮で包む。
4　180℃の揚げ油でキツネ色になるまで揚げる。

合わせるなら
ダイヤモンド酒造［山梨］
シャンテY.A
ますかっと・べーりーA Ycube

白ワインは「甲州」、赤ワインは「マスカット・ベーリーA」と、日本の固有品種にこだわって造る小さなワイナリーの赤ワイン。しっかりとしたキレのいい酸と果実味を感じる味わいは醤油味と相性がいいです。

岩倉久恵　▶　いわしとおかかの揚げ餃子

ラム肉となすの焼き餃子

焼く

ギリシャ料理のムサカのイメージで、
ラム肉に、とろとろに蒸したナスをきざんで合わせました。
鉄鍋で焼いた熱々を、濃厚な赤ワインとともに。

▼ 材料（25個分）

あんの材料
 ラム挽き肉 —— 200g
 ナス —— 4本
 トマト —— 1/2個
 A 塩 —— 小さじ1
  クミンパウダー —— 大さじ1
  コリアンダーパウダー —— 小さじ1
  ターメリックパウダー —— 小さじ1
餃子の皮（市販）—— 25枚
サラダ油 —— 適量

▼ 作り方

1. あんを作る。ナスを蒸し器に入れ、中に火が入るまで蒸す（または、グリルで皮をこんがり焼いて、焼きナスにする）。熱いうちに皮をむき、粗みじん切りにする。
2. トマトは5mm角に切る。
3. ボウルにラム挽き肉と1、2、Aを入れ、粘りが出るまでよく混ぜ合わせたら、餃子の皮で包む。
4. スキレット（鉄鍋）などにサラダ油をぬり、中火にかけ、3を蒸し焼きにする。

合わせるなら
ココ・ファーム・ワイナリー［栃木］
こことあるシリーズ ツヴァイゲルト

世界に通用する日本ワインを造り上げたアメリカ人醸造家、ブルース・ガットラヴさんが野生酵母で発酵させた赤ワイン。濃厚な味わいで、ステーキやソーセージなど、しっかりとした味の料理によく合います。

岩倉久恵 ▶ ラム肉となすの焼き餃子

冷水希三子

料理家

ハーブとスパイスが
効いた餃子

　関西の出身でありながら、私は、"粉もの"料理に苦手意識がありました。小麦粉は粉の種類や分量など、少しの違いで仕上がりが変わるので、どこか難しく感じていましたし、野菜や肉、魚などの食材と違い、粉だけ見ても料理の完成形が想像できないのでぴんとこなくて。想像できないおもしろさもあるのだろうなと思いながらも、私にとっては作る意欲がわかない食材でした。そんなわけで、大好きな餃子もプライベートでは作らない料理だったのです。なのに、ひょんなことから小麦粉を使った連載のお仕事を始めることに！ 毎月、小麦粉と向き合っているうちに粉が手になじんで、自分らしいひと皿が作れるようになっていきました。今は餃子の皮も手作りします。一見面倒そうですが、包むのが苦手な人ほど手作りの皮のほうが上手に包める気がします。皮を好きにのばして、ぎゅっとくっつけて。独特な形が生まれたり、ちょっとかっこ悪くてもおいしそうに見えるのは、手作りならではです。
　私はもともと、ハーブやスパイスを使った料理が好きです。旨み、酸味、清涼感、すっきりとした刺激。裏方にもなれば、主役にもなる。そんなハーブやスパイスをたっぷり使って、世界各地の餃子を作ってみました。家族や友人と、粉まみれになりながらあんを包んで、ゆでたり、焼いたり。そんな餃子を食べながら飲むビールは格別です。

ひやみず・きみこ／1974年奈良県生まれ。レストランやカフェ勤務などを経て、料理家に。雑誌や書籍、広告などでレシピ提案や料理にまつわるコーディネート、スタイリングを行なう。季節の食材や味を大切にした麗しく、はっとさせられるひと皿が評判。著書に『ハーブのサラダ』（アノニマ・スタジオ）など。

ペリメニ

ゆでる

ペリメニは水餃子風のロシア料理。
ディルやサワークリームを添えていただきます。
豚ロース肉などをきざんで入れると食感もよくなります。

▼ 材料（20個分）

皮の材料
強力粉 —— 300g
塩 —— 2g
A（混ぜ合わせておく）
├ 卵 —— 1/2個
└ 水 —— 150cc

あんの材料
合い挽き肉 —— 100g
タマネギ —— 1/4個
ニンニク —— 1/2片
塩 —— 少量(0.5g)
コショウ —— 適量
水 —— 大さじ1
鶏ガラスープ —— 300cc
白菜 —— 1枚
バター —— 20g
ディル、塩 —— 各適量
サワークリーム —— 好みで

▼ 作り方

1 皮（生地）を作る。ボウルに強力粉と塩を入れて混ぜたらAを少しずつ加えて箸で混ぜる。全体がまとまってきたら手でまとめて、まな板に置く。5〜10分こねたら丸め、ボウルに入れてラップをし、30分ほど置く。

2 あんを作る。タマネギとニンニクはすりおろす。水以外のすべての材料をボウルに入れて練る。水を少しずつ加えながらさらに練ったら冷蔵庫に入れておく。

3 打ち粉（分量外）をしたまな板に1をのせ、直径2cmの棒状にのばす。1.5cm幅に切り、それぞれを麺棒で直径8cm程度にのばす。

4 3の中央に2をのせて包む。

5 鍋に鶏ガラスープと、ひと口大に切った白菜を入れ、中火で煮る。塩で味をととのえる。

6 別の鍋に湯を沸かし、1％の塩を入れ、バターを入れて溶かす。4を入れて5分ほどゆでたら、湯をきって5のスープの鍋に移し、温める。皿に盛り、きざんだディルと好みでサワークリームをのせる。

【包み方】①打ち粉をしたまな板で、生地を手で直径8cm程度に平たくのばす。②あんをのせる。③あんがはみ出ないように皮をゆっくりと半分に折り、半月状にする。④皮の合わせ目5～7mmくらいをぎゅっとくっつける。とじ方がゆるいとゆでている間に口が開くので注意。⑤餃子の片方の端に水をつける。⑥あんの部分を押さえながら、両端をくっつける。⑦完成。

冷水希三子　▶　ペリメニ

マントゥ

ゆでる

ひと口サイズでたくさん作る、トルコの小さな水餃子。
ヨーグルトソースとチリバターソースで、複雑な味わいに。
卵入りの生地を細長く切ると、タヤリン（生パスタ）も作れます。

▼ 材料（40個分）

皮の材料
- 強力粉 —— 200g
- 薄力粉 —— 80g
- 塩 —— 3g
- **A**（混ぜ合わせておく）
  - 卵 —— 1個
  - 水 —— 100cc

あんの材料
- **B** 牛挽き肉 —— 80g
  - イタリアンパセリ —— 4本
    （みじん切り）
  - クミンパウダー
    —— 小さじ1/4
  - 塩 —— 小さじ1/5
- タマネギ —— 大さじ2（みじん切り）

トマトソースの材料
- トマト —— 3個
  （湯むきして種をこし、みじん切り）
- ニンニク —— 1片（つぶす）
- ドライオレガノ —— ひとつまみ
- オリーブオイル —— 大さじ1
- 塩 —— 適量

ヨーグルトソースの材料
- ヨーグルト —— 50g
- ニンニク —— 少量（すりおろす）
- 塩 —— 少量

チリバターソースの材料
- バター —— 30g
- チリペッパー —— 小さじ1/2
- ドライミント —— ひとつまみ

▼ 作り方

1. 皮（生地）を作る。ボウルに強力粉と薄力粉、塩を入れて混ぜたら、**A**を少しずつ加えて箸で混ぜる。全体がまとまってきたら手でまとめて、まな板に置く。5〜10分こねたら丸め、ボウルに入れてラップをし、30分ほど置く。
2. あんを作る。ボウルに**B**を入れて練り、タマネギを加えてさらに練り、冷蔵庫に入れておく。
3. トマトソースを作る。塩以外の材料を鍋に入れて中火にかけ、ふたをして10分ほど煮る。火が通ったらふたをとり、木べらでトマトをつぶし、塩で味をととのえる。そのままふたをして置いておく。
4. ヨーグルトソースを作る。材料をよく混ぜ合わせる。
5. チリバターソースを作る。材料を小鍋に入れて中火にかけ、表面がぶくぶくとして香りが立ってくるまで煮る。
6. 打ち粉（分量外）をしたまな板に**1**をのせ、麺棒で2〜3mm厚さにのばす。4cm四方に切り分け、**2**を少しずつのせて包む。
7. 湯を沸かし、1%の塩と**6**を入れて5分ほどゆでたら、湯をきり、**3**の鍋に入れて1〜2分煮る。皿に盛り、**4**と**5**をかける。

【包み方】①②打ち粉をしたまな板に生地をのせ、適宜打ち粉をしながら、麺棒で厚さ2〜3mmにのばす。③包丁で生地を4cm四方に切り分ける。④あんを少量ずつのせる。⑤〜⑦皮を中央で合わせるように包む。⑧完成。

冷水希子 ▶ マントゥ

ヒンカリ

ジョージアの水餃子は、さながら大きな小籠包。
たっぷりのパクチーとあふれる肉汁が至福です。
肉汁を逃さないようにしっかりと包みます。

▼ 材料（10個分）

皮の材料
- 強力粉 —— 200g
- 塩 —— 2g
- 水 —— 100cc

あんの材料
- A
  - 合い挽き肉 —— 125g
  - 塩 —— ひとつまみ
  - クミンパウダー —— ひとつまみ
  - チリペッパー —— 少量
- B
  - タマネギ —— 1/4個（みじん切り）
  - イタリアンパセリ —— 3本（みじん切り）
  - パクチー —— 1株（みじん切り）
- 水 —— 25cc
- 塩、コショウ —— 適量

▼ 作り方

1. 皮（生地）を作る。ボウルに強力粉と塩を入れて混ぜたら水を加え、箸で混ぜ合わせる。全体がまとまってきたら5〜10分こねて丸め、ボウルに入れてラップをし、30分以上置く。
2. あんを作る。ボウルにAを入れてよく練り、水を少しずつ入れながら混ぜ合わせる。Bを加えてよく混ぜ合わせたら、冷蔵庫で15分ほど置く。
3. 打ち粉（分量外）をしたまな板で、1を直径3〜4cmの棒状にのばす。10等分に切り、直径12cmに薄くのばす。
4. 3の中央に2をのせて包む。最後は上をひねってとじる。
5. 鍋にたっぷりの湯を沸かし、1％の塩を加え、4を10〜15分ゆでる。皿に盛り、コショウをふる。

【包み方】①10等分にした生地を手で少し平たくのばしたら、打ち粉をしたまな板に置く。片手で生地を持ち、反対の手で麺棒を、生地の端から中心に向かって転がしながら直径12cm程度にのばす。この時、皮の中心に麺棒が触れないようにする。②皮の中央にあんを平たくのせる。③生地の端を持ち上げ、親指を軸にして生地を中央に寄せていく。④最後にぎゅっとひねって完成。ゆでるまでに餃子同士がくっつかないよう、包んだ餃子にもたっぷり打ち粉を。

冷水希三子 ▶ ヒンカリ

雲南風餃子

焼く

中国雲南省を旅した時、どの料理にもパクチーやミント、レモンがどっさり！そのおかげか、たくさん食べても胃もたれなし。そんな雲南省のイメージで作った、気楽に食べられる焼き餃子です。

▼ 材料（30〜40個分）

あんの材料
- A 合い挽き肉 ── 100g
  - 塩 ── 少量
  - コショウ ── 少量
  - クミンパウダー ── 小さじ1/4
  - シナモンパウダー ── 少量
  - 花椒パウダー ── 少量
- B 酒 ── 大さじ1/2
  - ショウガ ── 小さじ1（すりおろす）
  - 醬油 ── 小さじ1
  - 水 ── 大さじ1/2
  - ゴマペースト ── 小さじ1/2
  - ゴマ油 ── 大さじ1/2
- タマネギ ── 大さじ1（みじん切り）

トマトソースの材料
- トマト ── 1個
- C ニンニク ── 1/2片
  - ショウガ ── 2cm大
  - 唐辛子 ── 1本
- 塩 ── 少量
- 酢 ── 小さじ1
- 餃子の皮(市販) ── 30〜40枚
- サラダ油 ── 適量
- パクチー ── 2株
- ミント ── ひとつかみ
- レモン ── 適量

▼ 作り方

1. あんを作る。ボウルにAを入れて練る。Bの材料を順番に入れながら、さらに練る。タマネギを加えて混ぜ合わせ、冷蔵庫に入れておく。
2. トマトソースを作る。トマトの皮を湯むきして、種をこし、粗みじんに切る。すり鉢にトマトときざんだCを入れてすりつぶし、塩と酢で味をととのえる。
3. 餃子の皮で1を包む。フライパンにサラダ油を薄く引いて中火で熱し、餃子を並べる。餃子の高さの1/3程度まで熱湯を注いでふたをし、水分がなくなるまで5〜10分蒸し焼きにする。仕上げにサラダ油を大さじ1/2程度回し入れ、かりっと焼き上げる。
4. 皿に盛り、パクチーとミントをざく切りにしてたっぷりのせ、レモンを絞り、2をかける。

冷水希三子 ▶ 雲南風餃子

福田里香

お菓子研究家

「餃子もラップフードです」
いろいろ餃子の包み方

　「食べものを包むこと」。ラッピングをライフワークとする私にとっては、餃子も立派なラップフードです。市販の皮でどんな包み方ができるだろう？ 紙を丸く切り、折ったり切り込みを入れたり、手を動かしながら考えました。「ファスナー包み」や「キャンディ包み」は私がふだんからラッピングで使う手法を取り入れたもので、「おくすり包み」は昔ながらの粉薬の包み方がヒント。一方、「帽子包み」や「三角包み」は中国料理の伝統的な包み方です。長く伝わる方法は、実際にやってみるとなるほど理にかなっていて、何より美しい。餃子好きなら、そんな包み方にチャレンジするのも楽しいと思うので、一緒に紹介しています。同じあん・同じ皮でも、包む量や形、焼く・揚げる・ゆでるなどの調理法によって食べた時の印象がガラリと変わるのが、餃子のおもしろさ。シンプルな味付けのあんをひとつ用意し、包み方や調理法、たれや薬味を変えるだけで立派な餃子パーティーができます。私のおすすめはキャンディ包み。簡単で、かわいいのできっと盛り上がるはず。なお、我が家のあんは、私の地元・福岡産の鴨頭ネギ（葉ネギ）がベース。ネギは水が出づらいので、事前に包んでおける点でもパーティー向きです。ポイントは詰める量を欲張らないことと、「座って包みましょう」ということ。1日に何千個と包むプロに美しさはかないませんが、椅子に座り、折り紙をするような気持ちで取り組むときれいにできます。

　　　　　ふくだ・りか／福岡県生まれ。お菓子研究家にしてフードラッパー。著書に『フードを包む』（柴田書店）など。雑誌『CREA』での漫画家雲田はるこさんとの連載「R先生のおやつ」や、生地店「cocca」とのコラボレーションでエプロンをプロデュースするなど、幅広い分野で活動している。

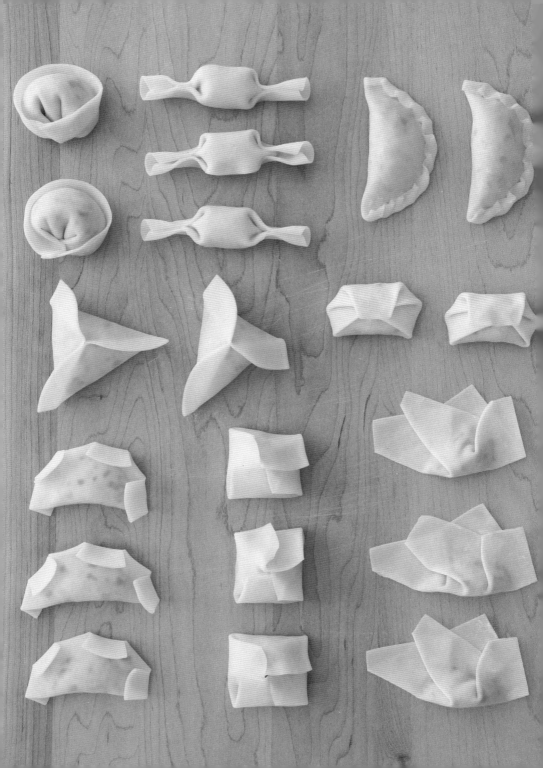

お菓子のラッピング用に考えた紙袋のとじ方「ペーパーバックファスナー」を応用しました。皮にあんをのせて半円にたたんだら、ふちに切り込みを入れて交互に折りたたみます。同じ幅に切るのがきれいに仕上げるコツ。

ファスナー包み

①餃子の皮の中心にあんをのせ、向こう半分のふちに指で水をつける。

②半分に折り、皮をぴったりくっつける。

③半円の真ん中にハサミで切り込みを入れ、その両側に2ヵ所ずつ切り込みを入れる。幅を均一にすると見た目が美しい。

④切った部分を、手前と向こうに交互に折りたたむ。

形を生かして、揚げ餃子に。低めの温度の油に入れ、中まで火が通るようじっくり揚げます。折りたたんだふちの部分のカリカリがおいしい。焼き餃子にしても。

福田里香 ▶ いろいろな餃子の包み方

キャンディ包み

簡単にできてとびきりかわいい、パーティーなどに断然おすすめの包み方です。両サイドはねじると皮が切れやすいので、ぎゅっと寄せるだけでOK。あんを詰めすぎないのが、形よく作るポイントです。

①餃子の皮の中心にあんをのせ、あんの両サイドと、向こう側の間に指で水をつける。

②手前の皮をあんを覆うようにかぶせ、ぴったりつける。そのまま向こうまでくるりと巻く。

③あんの両サイド（①で水をつけたところ）を指でぎゅっと押してあんがはみ出ないようにする。押さえたところに水をつける。

④③でつぶした部分を、手前と向こうからぎゅっと寄せてぴったりつける。

キャンディの形を生かすために、焼くか揚げるのがおすすめ。焼き餃子の場合は両面をこんがり焼いて酢醤油＋レモンの皮のすりおろしで。揚げ餃子はシナモンをたっぷりふってどうぞ。

交差した様子が花びらのように見えることから「お花包み」と名づけました。最後に皮を折って交差させるところは、折り紙を思い出すとうまくいくはず。焼く、揚げる以外に、蒸しても意外と表情が出ます。

お花包み

①餃子の皮の中心にあんをのせ、ふちにぐるりと水をつける。

②手前の皮をあんを覆うようにかぶせ、あんの右側を指で押さえる。右から皮を折りたたみ、あんの向こう側を指で押さえる。

③向こうの皮を手前に折り、反時計回りに90度動かす。

④あんの左手前の皮を押さえて密着させ、右の皮をめくるように持ち上げる。

⑤手前の皮を向こうに折り、その右側を④で持ち上げた皮の下に指で押し込む。花びらにあたる4枚がそれぞれ交差した形になる。

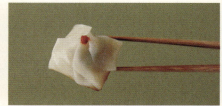

花の形を生かすため、底だけ焼き色をつけて蒸し焼きに。真ん中にお気に入りの泡辣醬（トウガラシの発酵調味料）をのせて。

福田里香 ▶ いろいろな餃子の包み方

おくすり包み

日本に昔からある、粉薬を紙で包む方法を取り入れました。一見複雑に見えますが、順に折りたたんでいくだけなので難しくありません。水餃子にして、皮のなめらかさや皮が重なった部分のモチモチ感を楽しみます。

①餃子の皮の中央より少し手前にあんをのせる。皮の上のほう(時計の10時から2時くらい)に指で水をつける。

②向こうの皮から1cmほど下にくるように手前の皮をかぶせ、あんの両サイドを指で押さえる。

③皮の両端を真ん中で合わせるように、皮を右から、左から折りたたみ、ぎゅっと押さえて密着させる。

④③でできた左右の頂点を、真ん中で合わせるように折りたたむ。残ったてっぺんの部分に指で水をつける。

⑤折り重ねた部分を隠すように、④で水をつけた部分をぐっと手前に持ってきてくっつける。

ゆでて皮のつるんとした食感を味わいます。散らしたのは、きざんだイタリアンパセリ。ゆで汁と一緒に食べてもおいしいです。

ギャザー包み

半月型にした餃子のふちをギャザーのように細かく寄せて仕立てます。パイ菓子や中央アジアのマントウなどでも見られるとじ方で、たっぷりあんを詰めてもはみ出ません。両面こんがり焼いてもかわいいです。

① 餃子の皮の中央にあんをのせ、向こう半分のふちに指で水をつける。

② 手前の皮を3mmほど下にずらして重ねる。ぴったり重ねるとギャザーの断面が二重になって野暮ったく、包めるあんの量も減ってしまう。

③ あんの周りの皮にも水をつける。

④ 半月の弧を手前にし、右端の皮を5mmほど内側に折りたたみ、その幅に合わせて左からひだを寄せては押さえるのを繰り返す。

両面をこんがり焼き、パクチーを添えてシンプルに味わいます。油で揚げればギャザー部分のカリカリと中のジューシーなあんを楽しめます。

福田里香 ▶ いろいろな餃子の包み方

帽子包み

帽子のような形は中国料理では「馬蹄銀包み」と呼びます。この伝統的な包み方を、市販の皮でチャレンジ。くぼみの部分にたれがよくからみ、蒸し餃子や水餃子にぴったり。長く伝わる形は理にかなっているのです。

① 餃子の皮の中央にあんをのせ、向こう半分のふちに指で水をつける。

② 向こうの皮を起こすようにして、手前の皮のふちとぴったりくっつける。

③ ②の両端を持ち、中央に寄せていく。片方にだけ水をつける。

④ もう片方の端を重ねて、ぴったりつける。

水餃子や蒸し餃子に。くぼみの部分にたれがたまり、よくからみます。写真のたれは、醬油と泡辣醬を混ぜたもの。

これも伝統的な包み方のひとつで、あんを
たっぷり詰めたい時におすすめです。生地
を重ねた部分を少し傾けると、風車の雰囲
気に。焼き、蒸し、揚げ、どんな食べ方にも
合う包み方です。

三角包み

① 餃子の皮の中央にあんを多めにのせ、周りに指でぐるりと水をつける。

② 皮のふちの一ヵ所をつまみ、中心までぴったりくっつける。

③ 右手で頂点をつまんだまま、残りの皮の真ん中を写真のように指で起こして頂点で合わせる。

④ 3辺が同じ長さになるように整え、ふちをぴったりとくっつける。

写真は焼き餃子。底の面積が大
きめ、つまり香ばしい部分が多い
ので、マスタードを添えてさっぱり
と。蒸し餃子もおすすめです。

福田里香 ▶ いろいろな餃子の包み方

ひと口餃子包み

ひと口サイズの餃子には、皮が薄くて包みやすいワンタンの皮を使うと便利です。たくさん食べられるようにあんは少なめに。皮のパリパリ感がおいしいので、揚げるか、焼く場合も多めの油で揚げ焼きにします。

①ワンタンの皮を角が天地・左右にくるように置き、真ん中にあんをのせる。

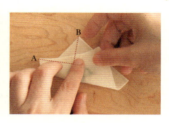

②左の人指し指で押さえた点とAとBの距離が同じになるよう、手前から斜めに生地を折る。

③②の右端が、AとBの間の谷の部分にくるように皮を折る。折り紙の要領で左の指を使い、きれいに折りたたむ。

④右の角を持ち上げ、ほかの3つの角とほぼ等間隔になるように折りたたむ。

⑤写真で示す4つの角がバランスよく並ぶように折るのがポイント。

⑥折った皮をめくって水をつけ、上から押さえて密着させる(焼く場合はあんがとび出す心配はないので、水をつけなくてもよい)。

皮をパリパリに揚げたところに塩をふり、スナック感覚でつまみます。あんを濃いめに味つけたり、甘酸っぱいソースを添えてもおいしい。

● 餃子の皮

思い立った時に作れて、しなやかで包みやすい市販の皮はなにかと便利。最近は大きさや形のバリエーションも増えて、味や食感もそれぞれ違うので好みのものを使います。

● 餃子のあん

作り方は、鴨頭ネギ1束（万能ネギで代用可）をみじん切りにし、豚挽き肉280gとよく練る。粘りが出たら、ショウガのすりおろし20g、塩小さじ1/3、鶏のスープ大さじ2弱（あれば）、コショウ少量を加えて混ぜ、ゴマ油小さじ2を回し入れてさらに混ぜる。地元・福岡名産の葉ネギを使ったあんは福田家の定番で、ニンニクやニラを入れない食べ飽きない味が特徴。

福田里香 ▶ いろいろな餃子の包み方

谷 昇

「ル・マンジュ・トゥー」オーナーシェフ

レストランで出したい
ネオ餃子

　肉や野菜の具を小麦粉の皮で包み、焼いたりゆでたりする餃子に似た料理は世界各地にあって、フランスも例外ではありません。これらは「マルコポーロが中国からヨーロッパに持ち帰った」のではなく、世界同時発生的に生まれたという説が有力で、食文化の点でも興味深い料理。ラヴィオリはパスタ料理の一種で、デュラム小麦で作る生地で包むのが一般的ですが、最近は向こうでも餃子の皮が売っていて、それを使うシェフも増えています。中の具はさまざまですが、僕は今回、ニンジン、ほうれん草のパウダーを練り込んだジャガイモ、ビーツ、黒オリーブと色もきれいな4種のピュレを包みました。ニンジンなら甘みを出すようにグラッセに、ジャガイモはマッシュポテトにするなどそれぞれの持ち味を引き出すように調理し、餃子の皮で包んだらパスタのように塩湯でゆでるのがポイント。皮もおいしく食べられます。また、羊、トマト、ナスを煮込んだ中東の料理「ムサカ」は、修業時代から作っている料理。スパイシーな風味は日本人好みで、ここでは餃子の皮と重ねてミルフイユ仕立てにしましたが、餃子の皮で包み、油で揚げてもおいしいです。僕は餃子をはじめ、中国料理が大好き。好物のクワイを入れた「エビのルーロー」は中国料理がヒントです。フランスではパータ・フィロというごくごく薄い生地で包みますが、餃子や春巻きの皮を使えば簡単。いずれも前菜として店で出そうかな、と思う一品です。

たに・のぼる／1952年東京都生まれ。六本木にあった「イル・ド・フランス」を皮切りに2度のフランス修業などを経て、94年から「ル・マンジュ・トゥー」オーナーシェフ。フランス料理以外の知識も豊富で中国料理も詳しい。近著に『ル・マンジュ・トゥーの全仕事』（柴田書店）。
ル・マンジュ・トゥー ▶ 東京都新宿区納戸町22 ☎03-3268-5911
www.le-mange-tout.com

4種の野菜のラヴィオリ

フランス版餃子のラヴィオリを、餃子の皮で作ります。
4種類の野菜のピュレを詰めて、スープ仕立てにしました。

▼ 材料（20人分）

ジャガイモとハーブのあん
　　ジャガイモ（キタアカリなど）
　　　　── 1個
　A　生クリーム ── 15g
　　　ホウレン草パウダー
　　　　── 小さじ1/2
　　　ディル風味のオリーブ油*
　　　　── 小さじ1/2
　　塩 ── ひとつまみ

＊ オリーブオイルに生のディルを漬けたもの。

ニンジンのグラッセのあん
　　ニンジン ── 4本
　　バター ── 80g
　　塩 ── 小さじ1弱
　　ペルノー* ── 大さじ4

＊ ペルノーはアニス風味のリキュール（パスティス）。甘苦い味が特徴。

オレンジ風味のビーツのあん
　　ビーツ ── 120g
　　ラヴィゴットソース
　　　ケイパー（塩漬け） ── 26g
　　　コルニション（ミニキュウリのピクルス）
　　　　── 53g
　　　タマネギ ── 130g
　　　黒コショウ ── 少量
　　　オリーブオイル
　　　　── 小さじ1と1/2
　　タマネギ ── 100g
　　バター ── 6g
　　オレンジジュース ── 大さじ1強
　　塩 ── 適量

タプナードのあん
　　アンチョビー ── 46g
　　黒オリーブ（種なし） ── 150g
　　バジル（生） ── 5g
　　ニンニク ── 1片
　　オリーブオイル ── 55cc

餃子の皮（市販） ── 80枚
水溶きコーンスターチ ── 適量

トマトの透明なスープ
　　トマト ── 10個
　　水 ── 1ℓ
　　塩 ── 適量
　　ゼラチン ── 適量

オリーブオイル ── 適量
バルサミコ酢 ── 適量

谷 昇　▶　4種の野菜のラヴィオリ

ゆでる

▼ 作り方

1 トマトの透明なスープを作る。トマト、水、塩をミキサーにかけてなめらかなピュレにする。深めの容器に入れて一晩冷蔵庫に入れ、透明な液体が分離したところでこし器にクッキングペーパーとさらしをのせ、静かにこす。こしたあとの透明な液体を煮詰め、トマトの風味が出てきたら、重量の1％のゼラチンを加えてやわらかいゼリー状に冷やし固める。

2 ジャガイモとハーブのあんを作る。ジャガイモをゆでて皮をむき、裏ごししてマッシュポテトにする。

3 鍋に2を入れて火にかけ、Aを加え、全体を混ぜる。塩で味をととのえ、冷ましておく。

4 ニンジンのグラッセのあんを作る。ニンジンの皮をむき、薄切りにする。フライパンにバターとニンジンを入れて火にかけ、甘みを引き出すようにゆっくり炒める。塩とペルノーを加え、味をつける。冷ましてからみじん切りにする。

5 オレンジ風味のビーツのあんを作る。ビーツを皮付きのままやわらかくゆでる。冷ましてから皮をむき、みじん切りにする。

6 ラヴィゴットソースを作る。ケイパー、コルニション、タマネギを細かくみじん切りにし、タマネギは水にさらす。黒コショウ、オリーブオイルを加えて味をととのえる。

7 タマネギを薄切りにする。フライパンにバターを熱し、タマネギを色づけずに、水分を引き出すように炒める。しんなりして約1/3量になったらオレンジジュースを加え、水分をとばすように炒める。冷ましておく。

8 5、6、7を混ぜ合わせる。味をみて、塩で味をととのえる。

9 タプナードのあんを作る。アンチョビー、黒オリーブ、バジル、ニンニクをそれぞれみじん切りにする。オリーブオイルを加え、よく混ぜ合わせる。

10 餃子の皮の周りに水溶きコーンスターチをぬり、3、4、8、9の4種のあんをそれぞれのせて半分に折り、ぴったりくっつける。2％の塩を入れた湯でゆでて水気をきり、冷ましておく。

11 1を皿に注ぎ、4種のラヴィオリをのせる。スープにオリーブオイルをたらす。

12 バルサミコ酢を1/3量まで煮詰めたソースを添える。

POINT

・4種類のあんは、ラヴィオリをゆでた時に中身の色がきれいに出るよう、鮮やかな色を意識します。

・パスタのように塩ゆですると、皮もおいしく食べられます。

羊のムサカ、餃子の皮のミルフイユ

「ムサカ」は羊の挽き肉、トマト、ナスで作る中東の料理で、
スパイシーな味は日本人好み。豚肉や牛肉で作ってもおいしい。

▼ 材料（4人分）

あんの材料
- 羊のバラ肉 —— 200g
- 羊のだし*1 —— 適量
- トマトペースト（市販）*2 —— 20g
- タマネギ —— 2個
- オリーブオイル —— 40g
- 水 —— 適量
- ナス —— 150g
- 塩 —— 適量
- 餃子の皮（市販）—— 7枚
- 澄ましバター（あれば）—— 少量

トマトのコンディマン（作りやすい分量）
- エシャロット —— 60g
- ニンニク —— 20g（すりおろす）
- 生ハム —— 80g
- ドライトマト —— 40g
- オリーブオイル —— 30g
- シェリーヴィネガー —— 30cc
- パセリ —— 大さじ1（みじん切り）
- ピマンデスプレット*3（または一味唐辛子）—— 小さじ1

*1 羊の骨を水でゆっくり煮出したもの。なければ鶏のだしで代用可。
*2 ここでは、トマトを発酵させたトルコ産のペーストを使用。
*3 フランス・バスク地方特産のパプリカパウダー。ピリッと辛みがある。

▼ 作り方

1. トマトのコンディマンを作る。フライパンにオリーブオイルとニンニクを入れて火にかけ、エシャロットを色づけないように炒める。みじん切りにした生ハムとドライトマトを加えて炒め、シェリーヴィネガーを加えて酸味をとばし、火を止めて冷ます。パセリとピマンデスプレットを混ぜる。
2. あんを作る。羊のバラ肉を羊のだし汁でやわらかく煮る。バラ肉を細かくほぐし、トマトペーストと混ぜ合わせる。塩で味をととのえる。
3. タマネギを薄切りにし、オリーブオイル、水とともに火にかける。甘みを引き出すように炒め煮にして水分をとばす。冷ましてみじん切りにする。
4. ナスを縦半分に切り、果肉に切り込みを入れる。フライパンにオリーブオイル（分量外）をたっぷり引き、ナスを両面じっくり焼く。スプーンなどで果肉をこそげ出し、包丁で細かく叩く。2、3と混ぜ合わせ、塩で味をととのえる。ナスの皮は取りおく。
5. 餃子の皮に4をぬり広げ、皮を重ねてはまたぬり、7枚重ねる。一番上の皮の表面に澄ましバターをぬり、180℃のオーブンで5分ほど焼き、150℃に下げて薄く焼き色がつくまで焼く。焼き上がりに1をぬる。
6. ナスの皮は重しをして100℃のオーブンに入れてパリパリに乾かす。
7. 皿に5を盛り、6のナスの皮を添える。好みで1をつけながら食べる。

エビのルーロー

焼く

「ルーロー」はフランス語で「巻く」の意味。パリパリに焼いた
エビ餃子に、酸味の効いたチーズのソースがよく合います。

▼ 材料（7個分）

あんの材料
- エビ（冷凍）——— 100g
- 塩、小麦粉、卵白 ——— 各少量
- 中国クワイ（缶詰）——— 20g
- ショウガの絞り汁 ——— 2g
- 塩 ——— ひとつまみ強
- コーンスターチ ——— 3g
- 顆粒だし（中華風味）——— 1g
- 餃子の皮（市販・大判）——— 7枚
- 澄ましバター（あれば）——— 適量

フロマージュ・ブランのソース
- フロマージュ・ブラン* ——— 100g
- エシャロット ——— 12g
- 白ワインヴィネガー ——— 12g
- 白ワイン ——— 24g
- 黒コショウ ——— 適量
- レモンの皮 ——— 1/5個分
- 塩 ——— ひとつまみ
- オリーブオイル ——— 大さじ2

＊ フロマージュ・ブランはヨーグルトに似た、さっぱり味のなめらかなフレッシュチーズ。

▼ 作り方

1. あんを作る。エビを解凍し、背ワタをとってボウルに入れる。塩、小麦粉、卵白を加えてエビを練り、くさみをとる。水洗いして水気を拭き取る。
2. エビを5mm角くらいに包丁で叩く。
3. 中国クワイを下ゆでしてくさみを抜き、5mm角にきざむ。
4. ボウルに2と3、ショウガの絞り汁、塩、コーンスターチ、顆粒だしを入れてよく練る。
5. 餃子の皮の周りに澄ましバターをぬり、4をのせて手前から巻き込む。
6. 180℃のオーブンで15分焼き、200℃に上げて10分ほど焼く。
7. フロマージュ・ブランのソースを作る。エシャロットと白ワインヴィネガー、白ワインを鍋に入れ、水分がなくなるまで煮詰める。冷ましておく。フロマージュ・ブラン、黒コショウ、レモンの皮のすりおろし、塩を加えて混ぜる。オリーブオイルを加え、なめらかになるまでよく混ぜる。
8. 皿にソースを流し、6のルーローをのせる。

POINT

- 皮にエビのあんをのせて春巻きのように巻きます。揚げずにオーブンで焼き、パリパリに仕上げます。

谷 昇 ▶ エビのルーロー

餃子のたれ

吉田さんのレシピ
焼き餃子のたれ

焼き餃子とよく合うシンプルなたれ。使うラー油はお好みで。

▼ 材料（2人分）
醤油 —— 大さじ2
酢 —— 大さじ2
ゴマ油 —— 大さじ1
ラー油 —— 小さじ1/2

▼ 作り方
すべての材料を合わせる。

吉田さんのレシピ
水餃子のたれ

中国ではあんにニンニクを入れず、たれに好みで加えながら食べます。

▼ 材料（2人分）
A 酢 —— 大さじ2
　醤油 —— 大さじ1
　ゴマ油 —— 大さじ1
おろしニンニク —— 適量
パクチー —— 適量
ラー油 —— 適量

▼ 作り方
Aの材料を合わせる。好みで、おろしニンニク、きざんだパクチー、ラー油を加えながら食べる。

| 吉田さんのレシピ |

XO醬のたれ

XO醬の海鮮風味は
エビを使った餃子によく合います。

▼ 材料（2人分）
醬油 —— 大さじ2
酢 —— 大さじ2
ゴマ油 —— 大さじ1
XO醬 —— 好みの量

▼ 作り方
すべての材料を合わせる。

| 吉田さんのレシピ |

粒マスタードのたれ

粒マスタードの酸味とプチプチ感が
意外にどんな餃子にもぴったり。

▼ 材料（2人分）
醬油 —— 大さじ2
酢 —— 大さじ2
ゴマ油 —— 大さじ1
粒マスタード —— 小さじ1/2

▼ 作り方
すべての材料を合わせる。

餃子のたれ

| 冷水さんのレシピ | 冷水さんのレシピ |

チリバターソース

「マントゥ」(P70)にからめる
コクのあるソース。

▼ 材料(作りやすい分量)
バター —— 30g
チリペッパー —— 小さじ1/2
ドライミント —— ひとつまみ

▼ 作り方
小鍋にすべての材料を入れて中火にか
け、表面がぶくぶくとして香りが立ってくる
まで煮る。

トマトソース

「雲南風餃子」(P76)のソース。
焼き餃子によく合います。

▼ 材料(作りやすい分量)
トマト —— 1個
A　ニンニク —— 1/2片
　　ショウガ —— 2cm大
　　唐辛子 —— 1本
塩 —— 少量
酢 —— 小さじ1

▼ 作り方
トマトの皮を湯むきして、種をこし、粗み
じんに切る。すり鉢にトマトときざんだA
を入れてすりつぶし、塩と酢で味をととの
える。

| 按田さんのレシピ |

香味油

シナモンの効いたラー油風。焼き餃子に
合わせると、香ばしさが引き立ちます。

▼ **材料**（作りやすい分量）
粉唐辛子 ── 大さじ3
シナモンパウダー ── 小さじ2
塩 ── 小さじ2
ヘンプシードオイル（またはゴマ油）
　　── 200cc

▼ **作り方**
油以外の材料をフライパンに入れて弱火
にかけ、5分ほど炒める。香ばしい香りが
してきたら火を止め、密閉できる保存瓶に
入れ、油を注ぐ。冷暗所で3ヵ月ほどもつ。

| 按田さんのレシピ |

マスタードレモンソース

マスタードとレモンの皮で作る
さわやかなソース。

▼ **材料**（作りやすい分量）
練りからし ── 小さじ1
マヨネーズ ── 大さじ3
レモンの皮 ── 1/4個分（みじん切り）
レモン汁 ── 1/4個分
ターメリックパウダー ── 小さじ1/4

▼ **作り方**
すべての材料をよく混ぜ合わせる。密閉
保存して1週間ほどもつ。

餃子のたれ

按田さんのレシピ
コリアンダーソース

餃子がたちまち異国の味に。
どの餃子にも合います。

▼ 材料（作りやすい分量）
パクチー（コリアンダー）── 1株（きざむ）
ヨーグルト ── 1カップ
ニンニク ── 1片（きざむ）
塩 ── 小さじ1

▼ 作り方
すべての材料をよく混ぜ合わせる。冷蔵庫で密閉保存して1週間ほどもつ。

按田さんのレシピ
ピンクのサルサ

魚の塩焼きにも合います。
常備しておくと便利。

▼ 材料（作りやすい分量）
紫タマネギ ── 1個（7mmの角切り）
塩 ── 小さじ1
酢 ── 200cc
唐辛子（生でも乾燥でも）── 好きなだけ

▼ 作り方
すべての材料を密閉できる保存瓶に入れる。漬けてすぐから食べられる。

笠原さんのレシピ

オーロラソース

簡単に作れて、子どもも
大人も大好きなケチャップ味。

▼ **材料**（作りやすい分量）
マヨネーズ —— 大さじ3
ケチャップ —— 大さじ1

▼ **作り方**
すべての材料をよく混ぜ合わせる。唐辛子やからしを加えれば大人向けソースに。

吉田さんのおすすめ
赤酢

吉田さん愛用の赤酢は、東京の「横井醸造」のもの。酸味がまろやかで、餃子はもちろん、和えものやスープの仕上げなど何にも合う。水で割って飲んでも。

按田さんのおすすめ
山西老陳酢

下の「按田餃子のタレ」にも使っている、中国山西省産の黒酢。まろやかな酸味と深みのある味と香りで、餃子のたれがぐっとおいしくなります。

按田さんのおすすめ
「按田餃子」の餃子のおとも

左／豆豉と発酵黒ショウガなどをブレンドした「豆豉ミックス」（20g）。ひとふりすればぐっと味わい深くなります。中／パクチーやクミンなどハーブとスパイスたっぷりの「按田餃子・味の要」（50g）。肉の旨みが引き立ちます。あんの下味付けにも。右／辛みのある素材をいろいろブレンドした「按田餃子のタレ」（40g）。マイルドな辛さ。（各500円／税抜き）

餃子といっしょに

按田さんのレシピ

蒸しきゅうり

水餃子には、こんな味のついていない野菜をどっさり添えて。
ナンプラーやコリアンダーソース（P106）などをつけて好きな味で食べるもよし。
バチャンマンカ風水餃子（P32）やモモ（P34）によく合います。

▼ 材料（作りやすい分量）
キュウリ —— 好きなだけ

▼ 作り方
キュウリは皮をむいて縦に4等分にする。
蒸し器で10分ほど蒸す。

冷水さんのレシピ

キャベツのラーパーツァイ

ピリ辛の甘酢で漬けた中国の漬物を、漬けずに、余ったキャベツで簡単に作ります。

▼ **材料（2〜3人分）**
キャベツ ── 1/8個
塩 ── 小さじ1/4
酢 ── 大さじ2
砂糖 ── 大さじ1と1/2
A ゴマ油 ── 大さじ1と1/2
　赤唐辛子 ── 1本
　花椒 ── 小さじ1/2

▼ **作り方**
1 キャベツはひと口大に切ってボウルに入れ、塩をふってよくもむ。
2 鍋に酢と砂糖を入れて中火にかける。砂糖が溶けてひと煮立ちしたら、1にかけて混ぜ合わせる。
3 鍋にAを入れて中火にかけ、煙が立つまで熱したら2に加えて混ぜ合わせる。

餃子といっしょに

吉田さんのレシピ

豆もやしとささ身の和えもの

モヤシのシャキシャキ感とさっぱりしたササ身の、食べ飽きない一品。

▼ 材料（3人分）

鶏ササ身 —— 2本
日本酒 —— 大さじ1
豆モヤシ —— 200g
塩 —— ひとつまみ
ゴマ油 —— 小さじ1
万能ネギ —— 大さじ1
A　酢 —— 大さじ1
　　醤油 —— 大さじ1
　　ゴマ油 —— 小さじ1/2

▼ 作り方

1　鶏ササ身に日本酒をまぶし、蒸籠に入れて強火で5分ほど蒸す。粗熱をとり、手でむしってほぐす。

2　豆モヤシを水からゆで、沸騰したらザルにあける。そこに塩とゴマ油をふり、ざっと和えて粗熱をとる。

3　鶏ササ身と豆モヤシを混ぜ合わせ、皿に盛る。小口切りにした万能ネギを散らし、混ぜ合わせたAを回しかける。

按田さんのレシピ

山芋炒め煮

香味油（P105）で仕上げる炒め煮。山芋のしゃくしゃくした食感にハマります。
意外にも、「セロリの水餃子フレンチ風」（P38）にも合います。

▼ **材料（2人分）**
豚挽き肉 ── 100g
山芋 ── 10cm
砂糖 ── 小さじ1
水 ── 適量
塩 ── 小さじ1/2
粉山椒 ── 小さじ1/4
万能ネギ ── 3本
香味油（P105） ── 好きなだけ

▼ **作り方**
1 鍋に豚挽き肉と砂糖を入れて中火にかける。全体に火が通ったら、1cm幅の輪切りにした山芋を加える（山芋が重ならない程度に入る大きさの鍋のほうが作りやすい）。
2 山芋がひたるくらいの水と塩、粉山椒を加え、山芋に火が通るまで煮る。
3 器に盛り、きざんだ万能ネギを散らし、香味油をかける。

餃子といっしょに

岩倉さんのレシピ

パセリサラダ

香味野菜とクミンが餃子とワインのふくよかさを増すつけあわせ。

▼ 材料（作りやすい分量）
パセリ —— 1袋
タマネギ —— 1/4個
トマト —— 1/2個
A クミンシード —— ふたつまみ
　 クミンパウダー —— 少量
　 塩 —— ひとつまみ
　 コショウ —— 少量
オリーブオイル —— 大さじ2
ライム汁 —— 大さじ1/2

▼ 作り方
1　パセリは葉の部分のみをみじん切りにする。タマネギは5mm程度のみじん切りにし、水にさらして水気をきる。トマトは皮付きのまま、1cm程度のざく切りにする。
2　ボウルに1を入れ、Aを加えて和える。オリーブオイル、ライム汁を加えてさっと混ぜたら皿に盛る。

吉田さんのレシピ

なすの冷製

焼き餃子の合間に食べたい、シンプルな味わいの和えもの。

▼ **材料**（3人分）
ナス —— 2本
酢 —— 大さじ1
醬油 —— 大さじ1
ゴマ油 —— 大さじ1/2
ショウガ —— 小さじ1
万能ネギ —— 大さじ1

▼ **作り方**
1 ナスの皮をむき、縦半分に切ってからそれを縦4等分にする。蒸籠に並べ、強火で3分半ほど蒸す。冷風にあてて冷まし、器に盛る。
2 酢、醬油、ゴマ油、ショウガのすりおろしを混ぜる。
3 2を1にかけ、小口切りにした万能ネギを散らす。

餃子といっしょに

岩倉さんのレシピ

マグロのモロヘイヤ山かけ

モロヘイヤのほろ苦さがあとを引きます。
「いわしとおかかの揚げ餃子」(P60)とともに。

▼ 材料(2人分)
マグロ —— 1さく
モロヘイヤ —— 1袋
醬油 —— 小さじ1/2
塩 —— 適量
A　ワサビ —— 小さじ1/2
　　醬油 —— 小さじ1/2
　　ポン酢 —— 小さじ2

▼ 作り方
1　マグロは食べやすい大きさに切り、醬油で和える。
2　鍋に湯を沸かし、塩を少し入れ、モロヘイヤをさっとゆでる。冷水にとり、水気をよく絞ったら、包丁で粘りが出るまで細かく叩く。
3　Aをよく混ぜ合わせたら2と合わせ、よくかき混ぜる。
4　1を皿に盛り、3をたっぷり、ふわっとのせる。

按田さんのレシピ

いんげん炒め

スプーンでざくざく食べるイメージ。ご飯のおともにも最適です。
チャーハンやビーフンにしてもおいしいです。

▼ 材料（2人分）
インゲン —— 150g
塩豚(P48) —— 100g
ターメリックパウダー —— 小さじ1
ショウガ —— 小さじ2（みじん切り）
魚醬 —— 好みで

▼ 作り方
1 インゲンは1cmの小口切りに、塩豚は2cmの角切りにする。鍋に入れてふたをし、弱火にかける。時々混ぜながら5分ほど蒸し焼きにする。
2 インゲンがやわらかくなり、塩豚から脂が出て色づいてきたら、ターメリックパウダーとショウガを加え、好みで魚醬で香りをつけ、火を止める。

餃子といっしょに

岩倉さんのレシピ

大根の醬油漬け

「大根と梅干しの焼き餃子」(P58)で使った大根や皮を捨てずに醬油漬けに。さっぱり口直しの一品。

▼ 材料(作りやすい分量)
大根 —— 適量(P58で使った分の残り)
A 醬油 —— 100cc
　砂糖 —— 大さじ4
　みりん —— 小さじ4
　酢 —— 大さじ2
唐辛子 —— 1本

▼ 作り方
1 大根は1cm幅、3〜4cm長さに切る。
2 小鍋にAを入れて中火にかけ、ひと煮立ちさせる。砂糖が溶けたら火を止め、輪切りにした唐辛子を入れて、粗熱をとる。
3 ビニール袋や保存容器などに1と2を入れ、3時間以上漬ける。

> 吉田さんのレシピ

きゅうりの塩味和え

パリパリ、シャキシャキ。どんな餃子にも合う簡単和えもの。

▼ 材料（4人分）
キュウリ ── 3本
ニンニク ── 1/4片
塩 ── ふたつまみ
水 ── 大さじ1/2
ゴマ油 ── 大さじ1/2

▼ 作り方
1 キュウリの皮をむき、包丁の腹で叩きつぶす。3等分にする。
2 1にニンニクのすりおろし、塩、水、ゴマ油を加えて、手で和える。

餃子といっしょに

岩倉さんのレシピ

ゴーヤのスパイシー揚げ

ちょっとスパイシーな唐揚げ粉をまぶして揚げるだけ。ズッキーニでもおいしいです。

▼ 材料(4人分)
ゴーヤ —— 1本
チリペッパーなどスパイスが入った
　　唐揚げ粉 —— 100g
水 —— 100cc
塩、薄力粉、揚げ油 —— 各適量
サラダ油 —— 適量

＊スパイシー唐揚げ粉がない場合
A　薄力粉 —— 100g
　塩、チリペッパー、ナツメッグ —— 各小さじ1
　クミンパウダー、ガーリックパウダー —— 各小さじ1/2

▼ 作り方
1　ゴーヤは種とわたを取り、5mm厚さの薄切りにする。塩をふって5分ほど置き、さっと水洗いして水気をきる。
2　唐揚げ粉(なければA)と水をよく混ぜ合わせ、揚げ衣を作る。
3　ゴーヤに軽く薄力粉をまぶし、2にくぐらせ、180℃の揚げ油でからっと揚げる。

<small>吉田さんのレシピ</small>

トマトと卵の炒め

卵のコクとトマトの旨み。意外にも餃子のおともになる一皿。

▼ **材料（2人分）**
トマト —— 1/2個
卵 —— 2個
塩 —— ひとつまみ
サラダ油 —— 大さじ3

▼ **作り方**
1 トマトの皮を湯むきし、ざく切りにする。
2 ボウルに卵を割り、塩を加えて箸でよく混ぜて塩を溶かし、卵のコシをきる。
3 中華鍋にサラダ油大さじ1を入れて熱し、**1**をざっと炒めて**2**のボウルに入れる。
4 中華鍋にサラダ油大さじ2を入れて充分に熱する。**3**のトマトと卵を入れ、混ぜながら炒める。卵が半分固まったら鍋の中でまとめて裏返し、皿に盛る。

撮影	天方晴子（吉田さん、谷さん）
	海老原俊之（笠原さん）
	長谷川 潤（按田さん、岩倉さん、冷水さん）
	日置武晴（福田さん）
イラスト	山元かえ
スタイリング	洲脇佑美（按田さん）
デザイン	宮崎絵美子
取材・編集	松田亜子　鍋倉由記子（柴田書店）

◎本文中の所属、住所、電話番号等は2016年9月現在のものです。

あの人のおうち餃子

初版印刷　2016年9月30日
初版発行　2016年10月10日

編者©　柴田書店
発行者　土肥大介
発行所　株式会社柴田書店
　　　　〒113-8477
　　　　東京都文京区湯島3-26-9 イヤサカビル
　　　　営業部
　　　　☎03-5816-8282（注文・問合せ）
　　　　書籍編集部
　　　　☎03-5816-8260
　　　　http://www.shibatashoten.co.jp

印刷・製本　シナノ書籍印刷株式会社

本書収録内容の無断掲載・複写（コピー）・データ配信等の行為は固く禁じます。
乱丁・落丁本はお取替えいたします。

ISBN978-4-388-06238-6
Printed in Japan